AF630442

SV

Clemens J. Setz

# Die Vogelstraußtrompete

Gedichte

Suhrkamp

2. Auflage 2021

Erste Auflage 2014
© Suhrkamp Verlag Berlin 2014
Alle Rechte vorbehalten, insbesondere das der Übersetzung, des öffentlichen Vortrags sowie der Übertragung durch Rundfunk und Fernsehen, auch einzelner Teile. Kein Teil des Werkes darf in irgendeiner Form (durch Fotografie, Mikrofilm oder andere Verfahren) ohne schriftliche Genehmigung des Verlages reproduziert oder unter Verwendung elektronischer Systeme verarbeitet, vervielfältigt oder verbreitet werden.
Druck: Pustet, Regensburg
Printed in Germany
ISBN 978-3-518-42416-2

# Die Vogelstraußtrompete

*Für Julia*

*Reality Checkpoint* is the name
given to a large lamp-post
in the middle of Parker's Piece, Cambridge, England,
located at the intersection
of the park's diagonal paths.

*Wikipedia*

## Die Nordsee

Die Kleine Hexe Bibi Blocksberg
hat einen Bruder
mit Namen Boris.

Doch nur bis Folge 9, dort
zieht er zu den Großeltern
an die Nordsee.

Als Grund wird genannt, dass er Husten hat
und die frische Seeluft ihm guttun wird.
Er taucht daraufhin nie wieder auf.

Und auch zu Weihnachten und zu Ostern
denkt die Familie
nicht mehr an ihn.

## Männer in der Dunkelheit

Ein Reisehandbuch des 19. Jahrhunderts
empfiehlt jungen Frauen spitze Nadeln
in den Mund zu nehmen wenn der Zug
in einen langen Tunnel taucht
um unbelästigt zu bleiben
von fremden Männern in der Dunkelheit
und ungeküsst
bis zum Licht am anderen Ende

## Der Präsident

Harry Houdini schrieb jeden Tag
einen Liebesbrief an seine Frau
Sie wohnte im Erdgeschoss des Hauses
er im ersten Stock

In den Briefen berichtet Houdini oft
von einem imaginären Sohn
den er nach seinem eigenen Vater
*Mayer Samuel* nannte

Die Briefe beschreiben Mayer Samuels
Abenteuer in der Welt
und zeugen vom großen Stolz des Vaters
auf seinen mutigen Sohn

Erst an dem Punkt da Mayer Samuel
Präsident der Vereinigten Staaten wird
hören die Briefe
plötzlich auf

## Schutzkleidung

Um sich den Schlafstätten zu nähern,
auf denen er zwanzig Jahre lang gelegen ist
und sich geduldig die Pfoten geputzt hat,
braucht man Schutzkleidung.

Ein alter Pullover, eine Jogginghose,
die man sofort danach ausziehen kann,
ein Paar Socken mit Weihnachtsmotiven,
und zwei feuchte Handflächen, auf denen
die Unmengen von Haaren hängen bleiben.

Es hilft auch, die Brille abzusetzen,
so sehen sie alle etwas fremd aus,
die alten Plätze auf dem Fensterbrett,
in der Ecke, und sogar die versteckteste
Stelle unter dem Bett, in einem Winkel,
den man nur erreichen kann, wenn man kaum
mehr Platz beansprucht auf der Welt,
wenn man nicht mehr springt
und auch nicht mehr wartet.
Wenn die Menschen ohne zu murren
zu dir unters Bett kriechen,
um das Malheur, das dir passiert ist,
aufzuwischen, behutsam,
mit einem kleinen Schwamm.

Daher der alte Pullover, die Jogginghose,
die feuchten Handflächen
und die Weihnachtssocken aus dem Jahr 92,
der Zeit, als du zu uns gekommen bist
und unter dem großen geschmückten Baum
immer eingerollt geschlafen hast,

fast jede Nacht, endlich zu Hause,
endlich zurück in der Natur.

## Protokoll

Erst wenn die Funkverbindung
zu den am Mond gestrandeten Astronauten,
zu Armstrong, zu Aldrin und zu Collins,
abgeschaltet würde, träte das Standard-
Seebestattungsprotokoll in Kraft,
so ein Memo des Weißen Hauses
vom Juli 69.

*Jeder Mensch*, heißt es darin,
*der in den kommenden Nächten*
*zum Mond emporblickt,*
*weiß nun, dass es eine Ecke*
*einer anderen Welt gibt,*
*die für immer*
*Menschheit ist.*

Dann, nachdem der Geistliche
ihre Seelen der *tiefsten Tiefe*
anempfohlen hätte,
begänne auch bei uns hier unten
das Vaterunser.

## Über Papageien

Kinderlose Papageien
die frei in der Wohnung fliegen
beginnen manchmal Schuhe zu füttern

Sie halten sie für offene Schnäbel
und sammeln Körner für sie

Kein noch so hochhackiges
fremdes Paar Stiefel
das nur eine Nacht hier stehen blieb
muss leer nach Hause gehn

## Überaus schön

*Er gelang überaus schön*
bemerkt Giorgio Vasari
in seiner Lebensbeschreibung Michelangelos

Er gelang überaus schön
der Schneemann

den der berühmte Bildhauer baute
auf Befehl des jungen Fürsten
im Innenhof des Medici-Palastes
in Florenz an einem Morgen

vor gut fünfhundert Jahren
nach dem Schneefall
einer einzigen Nacht

## Sestine von den schädlichen Strukturen

Bevor man sich entschied, aus Teildiskursen
die schädlichsten zu streichen, waren Prozesse
der Auslese nötig, ohne zu viele Strukturen
aufzulösen wie eine neue Substanz
in einer alten aggressiven; ein Verfahren
blieb schließlich übrig für die neue Technik.

Und dieses Verfahren erweiterte die Technik
um ein gemischtes Bündel von Strukturen,
basierend auf dem Wegfall aller Prozesse,
die sich eignen gerade bei solchen Teildiskursen,
die an den Kern der Sache, die Substanz
heranreichen. Mittels solcher Verfahren

arbeitete ein Team, das überhaupt nur Verfahren,
verschiedenste freilich, erprobte, teils Diskurse,
teils angewandte Spiele aus der Technik
damit erforschte und die gewonnene Substanz
an Wissen in überschaubare Strukturen
goss. So vermied man Gerichtsprozesse

zwischen Firmen und Forschern, lästige Prozesse,
bei denen nichts als Zuspielen von Diskursen,
teils wohl zum Thema, teils nur Redetechnik,
geschieht. Die hier verwendeten Verfahren
erwiesen sich als günstig bei Strukturen
die irgendeinen Abfall von Substanz

mit sich bringen, während man »Substanz«
gleichzeitig besser definierte. Die Technik
bekam jedoch ein Eigenleben: Prozesse,
bei denen die verwendeten Diskurse

auf Menschen überschwappten. Die Verfahren
zur Tilgung solch gefährlicher Strukturen

halfen nichts: Ein Fachmann für Strukturen
wurde gefunden, besessen von der Technik,
bedeckt von einer peinlichen Substanz.
Man fand ihn, und er stammelte: »Stru... Prozesse!«
Und auch durch therapeutische Verfahren
gelang es nicht, ihn aus den Teildiskursen

des Wahnsinns voller »Diskurs!« und »Verfahren!«
zu holen. Prozesse zerstörten die Technik.
Doch ihre Sub-Struktur lebte weiter als Tanz ...

## Schrödingers Katze

Stell dir den Wissenschaftler vor
in der ersten Nacht auf seinem Bettlager,
neben der schwarzen Box
mit dem geschlossenen Deckel.

Die erste Nacht ist immer die schlimmste.

Das Surren der Generatoren
hinter den Wänden, die trockene Luft des Labors,
der Geruch nach Staub und Pulverkaffee,
und das Kreidegespenst einer langen Gleichung
auf der verdunkelten Tafel.

Stell ihn dir vor, wie er die Nacht
damit zubringt, auf Geräusche zu achten,
wie er Schafe zählt
und in Gedanken
dreimal um den Häuserblock rennt.

Und niemand kann sagen, ob er von Toten
oder von Lebenden träumt
in der ersten Nacht auf seiner Matratze
neben der schwarzen Box.

## Dichterhüte

Hin und wieder gibt es sie noch
in einem kleinen Antiquitätengeschäft
in einer Seitenstraße,
oder in der Wohnung eines Verstorbenen
in einer Ecke hinter dem Grammophon.

Die alten Dichterhüte
mit der hohen, die Stirn fortschreibenden Form
mit den Quasten und Troddeln an der Seite
und den Löchern, wo früher
die eingenähten Zeitungsausschnitte steckten.

Egal, wie klein die Runde ist,
es findet sich immer einer, der den Staub
grob von dem Hut abklopft und ihn aufsetzt,
und dann ist das Geschrei und Gekicher groß
am gemeinsamen Tisch

und später, am Grab, schauen sie alle
zu ihm hin, wie er den Kopf mit dem Dichterhut
leicht nach links, dann nach rechts neigt,
während die Handvoll Erde
sich zerteilt im kurzen Flug nach unten.

## Postkarten mit Katzen, die menschliche Berufe haben

Es ist sicher nicht schwer
Briefträger zu sein
Ein Hut, eine Umhängetasche mit Briefen
und die frische Luft zwischen den Gebäuden

Und Arzt zu sein
Eine Säge, ein Skalpell
und zwei weiße Kittel
einer zum Wechseln
und ein dickes Buch voller Rezepte

Und Maurer
Eine Kelle, ein Sack Zement
und ein paar Ziegel

Und Kindermädchen
Eine gepunktete Haube
Sommerkleid, Brille
und Marmeladegläser im Picknickkorb

Und noch viel leichter
Dieb zu sein
Eine Waschbärmaske
ein Paar Schuhe mit lautlosen Sohlen
Handschuhe aus Amerika
ein Diamantbohrer

Oder Hundefänger
Ein Wagen mit Ladefläche
ein sackartiges Netz
eine rote Mütze

Und schließlich Eisverkäufer
am Rande eines Spielplatzes
und im Hintergrund der Schatten
vom größten Riesenrad Europas
mit seinen hell erleuchteten Kabinen
aus denen die Menschen fallen

## **Bill Evans, *My Man's Gone Now***

Ich wünschte
ich könnte das spielen

natürlich nicht genau so wie er
aber zumindest ähnlich

und natürlich nicht genau damals
an dem Sonntag
1961 im Village Vanguard

aber doch zumindest irgendwann
weit in der Vergangenheit

## »Worms do not posess any sense of hearing«, 1881

Charles Darwin legte Regenwürmer
auf einen Tisch und ließ seinen Sohn
ihnen etwas vorspielen
auf dem Fagott

Was er spielte
weiß niemand mehr

Dann legte er sie auf die Tasten
eines Klaviers und spielte
den jeweiligen Ton
lauter und lauter

Die Würmer wanden und ringelten sich
aber nicht anders als sonst

Darwin schrieb das Ergebnis nieder

Wenig später spielte der Sohn das Fagott
für einige große Zimmerpflanzen

Was er spielte
weiß niemand

Und das Ergebnis
stand bald fest

## Das Notizbuch

Nach dem großen Erdbeben des Jahres 1906
brannte San Francisco tagelang.
Ein Mann, gefangen in brennenden Trümmern
(die Flammen erreichten schon seine Füße),
bat schreiend einen Polizisten,
er möge ihn erschießen.

Der Polizist zog sein kleines Büchlein
aus der Tasche, fragte den Mann
nach Namen und Adresse; schrieb beides auf.
(Sein Bleistift tanzte über das Papier.)
Dann zog er seine Pistole, zielte
und schoss dem Mann in den Kopf.

## Warum ich kein großer Liebhaber bin

Die Umstände.
Der Zeitgeist.

Die innere Unsicherheit.
Der fehlende Glaube
an etwas danach.

Die Literatur.
Die falsche Musik
zum falschen Zeitpunkt.
Der knarrende Kronleuchter
im Nebenzimmer.

Das Geschrei von Betrunkenen
unten auf der Straße.
Die Eisblumen am Fenster.
Das Gedicht von Rossetti.
Von John Donne.

Die Vorstellung von riesigen Kraken.
Von Nabelschnüren.
Von Brei.

Das Quietschen der Bettfedern.
Der bittere Geruch
nach heute Morgen verzehrten Orangen.
Die Tonnen von Seife, angesammelt im Lauf
eines ganzen Lebens.
Der dreibeinige Hund, gesehen
in einem Park vor fünfzehn Jahren.

Der Stromausfall im Jahr 98.
Die Atmosphäre in der Wohnung
im Winter gegen vier Uhr am Nachmittag.

Das kalte, insektengesprenkelte Licht
der Leuchtstoffröhren über uns.
Die Spielzeuge unter dem Bett in der Kiste.
Die Muskelschmerzen im Nacken.
Das Meer.

## Auf einen Migräneanfall mit Flimmerskotom

Blaise Pascal sah an manchen Tagen
einen Abgrund neben sich.
Wenn er seinen Kopf bewegte,
bewegte sich der Abgrund mit.
Wenn er versuchte, hineinzuspringen,
fiel er auf den Boden.

Dann rappelte er sich mühsam auf
und schrieb unter dröhnendem Kopfschmerz
über die Angst und über das Schweigen
dieser unendlichen Räume.

## Identity Theory

Wenn Superman seine Brille aufsetzt,
erkennt ihn niemand mehr.
Er kann dann unbehelligt
inmitten all der Menschen stehen
und ihnen dabei zusehen, wie sie
ihre Köpfe in die Höhe recken
und laut um Hilfe rufen für die Frau
am Dach des Wolkenkratzers.
Jeden Augenblick wird sie fallen.
Er kann in ihre Gesichter sehen,
in diese unruhig wandernden Tieraugen,
die den Himmel absuchen,
in dem sich nichts zeigt, außer
ein unbeteiligtes Flugzeug
mit blinkenden Tragflächen
und leisen Turbinen.

## Weltenlauf

Und sie bewegt sich doch,
sagte der Jäger
nach dem verfehlten Schuss.

## In Swasiland

Bei uns galt es damals
als schweres Verbrechen
auf die Hütte des Königs zu deuten

Und immer wieder kamen Reisende
aus fernen Ländern
die nichts von den Gesetzen
der Vernunft und des Anstands wussten

Man musste ihnen um sie
vor dem sicheren Tod zu bewahren
die Hütte zeigen
auf die man nicht deuten durfte

*Da –*
*diese dort drüben*

Aber sie
die Reisenden aus fernen Ländern
verstanden nicht
was um ihretwillen geschah

Nicht einmal das schwere Verbrechen
das einer von uns auf sich nahm
um sie zu beschützen
in ihrer Unschuld

Auch das sahen sie nicht

Ach möge der Himmel uns beschützen
vor weiteren Reisenden
aus fernen Ländern

## **Ein Satz aus der großen französischen *Encyclopédie* von 1756**

Die menschliche Population
auf dem Planeten
ist in ihrer Größe
konstant
und wird konstant bleiben
bis zum Ende der Menschheit
wenn niemand mehr da ist
auf dieser Erde

## Die Interpretation von Orangen

Ich bin der Schatten
von Bobby Leach

Im Jahr 1911
stürzte ich mich in einem Stahlfass
die Niagarafälle hinunter
und überlebte

Vierzehn Jahre später
rutschte ich
auf einer Orangenschale aus
und starb

Die Jahre danach
sind nie passiert

Ich fürchte ich habe euch
alle längst vergessen

Und das tut mir leid

Ich hoffe
ihr mögt mich
noch immer ein bisschen

## Die Interpretation von Blitzen

Der US Park Ranger Roy C. Sullivan
aus Virginia
wurde siebenmal vom Blitz getroffen

Er verlor einige Zehen
war vorübergehend gelähmt
und sein Kopf stand zweimal in Flammen

Der letzte Blitz traf ihn 1977
beim Fischen
Er überlebte nur knapp

1983 beging er Selbstmord
über den Verlust einer Frau
in einer dunklen Nacht

## Charles Darwin an Leonard Jenyns, am 17.10.1846

Ich muss dir erzählen, was mir
in meinen frühen Tagen als Insektenforscher
am Ufer des Flusses Cam passiert ist.
Unter einem Rindenstück
fand ich zwei Laufkäfer
und fing einen in jeder Hand,
als ich plötzlich den heiligen Panagaeus cruxmajor sah.
Ich konnte es nicht ertragen,
einen der Laufkäfer zu verlieren,
und den Panagaeus laufen zu lassen,
stand außer Diskussion,
also nahm ich sanft einen der beiden Laufkäfer
zwischen meine Zähne –
und zu meinem unaussprechlichen Ekel und Schmerz
spritzte das kleine rücksichtslose Vieh
mir sein Gift in meinen Hals,
und ich verlor beide Käfer
und auch den Panagaeus!

## Der Sohn

Bis zum Jahr 1942
stand eine Weißeiche
in der amerikanischen Stadt Athens, Georgia.

Die Weißeiche war bekannt als:
*Der Baum, der sich selbst gehört*

Die Schenkungsurkunde besagte:
»Ich, W. H. Jackson vom Landkreise Clarke einerseits
und die Eiche vom Landkreise Clarke andererseits:
Es wird bezeugt, dass der besagte W. H. Jackson wegen
und eingedenk der starken Zuneigung,
die er besagtem Baume entgegenbringt,
sowie seines dringenden Wunsches,
ihn unter Schutz zu stellen,
Kraft dieser Schenkung besagter Eiche
das gesamte Eigentum ihrer selbst
und des Grundstückes innerhalb von acht Fuß
ringsum überlässt.«

Im Jahr 1942
wurde die Eiche entfernt.

Heute steht an ihrer Stelle
der Baum, der bekannt ist als:
*Der Sohn des Baums, der sich selbst gehörte*

## Kontaktanzeige

Verfasser von kurzen Texten
mit viel Sinn für das Vergehen der Zeit
und für das Aufhängen von Bildern
in dazupassenden Rahmen
sucht Gefährtin / Gefährten für das Ausleben
gemeinsamer Leidenschaften wie KATZEN oder
OBERTONSINGEN oder WIE-VERGLEICHE
oder ALTE POSTKARTEN – du weißt schon
diese seltsamen alten Abbildungen
von was weiß ich zum Beispiel von Pferden
die ihren Kopf in eine Zirkuskanone stecken
oder von Kindern die mit ihren Hosenträgern
an einem Nagel an der Wand hängen
oder von Mädchen in Matrosenkostümen
vor einem großen Haus aus hellem Holz
und davor ein ganzes Regiment
kleiner weißer Hunde oder
Aufnahmen von Tankstellen irgendwo
in der amerikanischen Wildnis
oder von Soldaten die gemeinsam
mit ihren Helmen um ein Grammophon herumsitzen
wie um ein Lagerfeuer – Wenn DU dich
in diesen Zeilen wiederfindest
dann schreib mir doch oder wirf mir zumindest
noch einmal einen dieser unsichtbaren
Blicke zu von der anderen Seite
der Stadt am Abend

## Ein 8mm-Film von 1979

Noch bin ich nicht auf der Welt. Mein Vater, so jung,
man glaubt ihm kaum seine Sonnenbrille,
sein quer gestreiftes Hemd, die Badehose, die Kappe.
Im hellen Flimmern des gefilmten Sommers
bewerfen sich die jungen Männer mit Sand,
sie laufen, schwankenden Bilds, durch die Ebbe,
darauf achtend, dass die Kamera nicht nass wird.
Später gesellt sich
ein Hund zu ihnen, der an ihm hochspringt,
immer wieder, unermüdlich, ganz wie er selbst,
mein Vater am Meer in praller Sonne
in Hemd und Sandalen.

Noch spielt er im Sand, noch schaut er
ins Meer, seine Kleider sind hell wie die weiße,
flimmernde Luft und die Hitze
und die Frauen und die Tage und die Autos des Sommers.
Noch kehrt jedes Frisbee zu ihm zurück.
Noch springt jeder Hund an ihm hoch. Noch zeigt er
einen Handstand vor laufender Kamera,
begleitet von stummem Applaus.

## Lyrik, nach dem Brockhaus Conversations-Lexikon, 1809

Nach der Fabel stieß der Gott Merkur,
als er nach einer Überschwemmung des Nils
an den Ufern desselben umherging,
zufälliger Weise mit dem Fuß an den Panzer
einer Schildkröte, deren Fleisch teils verfault,
teils vertrocknet und nichts mehr davon übrig war,
als die durch die Austrocknung angespannten
und klingend gewordenen Sehnen.

Deren Ton überraschte ihn so,
dass er darüber nachdachte

und endlich auf die Idee der *Lyra* kam
die er in Form einer Schildkröte baute
und mit getrockneten Sehnen bezog
von toten Tieren
von allerlei toten Tieren

## Sub Luna

In seinem Werk über die antiken Begräbnisurnen
auf einem Feld in Norfolk
erwähnt Sir Thomas Browne
die Todesursache *planet-struck*

Eine Fußnote erklärt:
*killed supposedly by the influence*
*of a malign planet*

## Die Freunde der Dichtung

Eine weltweite Untergrundbewegung.
Egal in welches Land man dich einlädt,
immer gibt es den gleichen wackligen Tisch,
das gleiche Arrangement von Leselampe, Wasserglas
und spärlichem Publikum: ältere Menschen,

die den Bildern mit geschlossenen Augen folgen,
Studenten, die sich Notizen aufs Handgelenk machen,
junge Frauen mit Kopfhörern,
die sich um ihren Hals kräuseln
wie ein flüssiges Stethoskop.

Die Mitglieder erkennen einander
an den hochgezogenen Augenbrauen
und an der weinkennerischen Art, mit der sie
sich die Lippen lecken, wenn im Gedicht
von Rosen die Rede ist, oder von Lippen.

So klein kann die Runde nicht sein, dass nicht
wenigstens ein Zuhörer Keuchhusten hat,
mindestens ein Telefon klingelt
oder nur leise summt wie eine Biene,
gefangen in einem Uhrgehäuse.

Und mögen auch noch so wenig gekommen sein,
es gibt sie immer: die eine geheimnisvolle Frau,
die während der Lesung leise aufsteht und geht,
auf Zehenspitzen, wie ein vor Scheinwerfern
in Zeitlupe flüchtendes Gespenst –

die Vertreterin eines anderen Untergrunds,
der ohne Zeitschriften operiert,
ohne Veranstaltungen und Preise,
unsicher, sanft und ohne Ungeduld.

## Abspann

Nach dem langen Spielfilm über eine Pandemie –
mit Schauspielern bedeckt von gelblichen Pusteln
und blutenden Geschwüren, mit Bergen von Toten
quellend aus einem New Yorker U-Bahnschacht –
stehen wir spät uns im Schlafzimmer gegenüber,
*froh, dass wir gesund sind.* Aber wir sagen es nicht,
fürchten den Blick des anderen: *War doch nur ein Film.*
Wir wechseln die Kleider, schweigend unter der Lampe,
noch immer unsicher tappend in der Erinnerung
an die Häuserschluchten der Geisterstadt
gegen Ende des Films.

## Der rätselhafte Inhalt eines Pornofilms

In diesem Film (sehr spät am Abend)
geht ein Mann auf der Straße spazieren
und sieht eine Frau. Neugierig

folgt er ihr in eine Garage, wo sie
mit der Reparatur eines Fernsehers
beschäftigt ist. Er zieht sich die Hose

herunter und stellt sich vor ihr auf.
Sie fällt auf die Knie und verrichtet
ihre hingebungsvolle Arbeit (leise

schmatzend). Anschließend fragt er sie,
wie sie heißt. Tamara, sagt sie, und du?
Christopher, sagt er, und jetzt?

Der Fernseher ist kaputt, sagt sie.
Das seh ich, sagt er. Gemeinsam
machen sie sich an die Reparatur

des statisch rauschenden Geräts.

## Ikarus

Dauernd klopfen sie mir
auf die leeren Schultern und lachen:
*Ja, deine Flügel wachsen schon nach.*

Die Schwester bringt mir Tee
in einer mit Vögeln verzierten Tasse.
Sie stützt meinen Kopf und mir wird heiß.

Der Garten ist voller Tauben, ihr Gurren
dringt in den Nächten bis in mein Zimmer,
das ich bald durch das Fenster verlasse.

*Deine Flügel wachsen ziemlich schnell,*
sagt der Pfleger beim Blick durch die Lupe.
Und er klopft mit seinen Nägeln
einen Takt aufs Bettgestell.

Auf meinen zwei Beinen steh ich im Garten,
oft Nachmittage lang.

Die Tür flattert auf und alte Bekannte
kommen ins Zimmer und schenken mir
in der Mitte gefaltete Besserungskarten
und hängen sie über mir auf.

Mein Blick kehrt zurück wie ein Bumerang.

Ich muss nicht mehr lange warten,
nur ein paar Wochen noch, sagen sie.
Bald darf ich gehen, egal wohin.

Sie bringen mir Wachs und Plastilin
und lassen mich kleine Dinge draus machen
in der Ergotherapie.

Dabei rühmen sie meine flinken Finger:
*Wie zehn dressierte Kolibris.*

Und ich weiß nicht, aber dann muss ich manchmal lachen
und ich bastle ihnen ein neues
kleines Männchen in einem Verlies,
mit einer winzigen Fliegerbrille
anstelle der alten Augen.

## Kindheit

Jesuskind
am Altar der Mariahilfer Kirche
hoffentlich wächst du noch rein
in deinen Heiligenschein.

## Dayton, Ohio

Ich träumte: Eine Frau aus Dayton, Ohio,
die nach dem Krieg
einen Mann geheiratet hat,
der den gleichen Nachnamen hatte wie ich
und kurz nach ihrer Hochzeit
an einem Herzinfarkt starb,
kommt in den Siebzigerjahren nach Europa
und geht hier einige Wochen lang
an Obstgärten und Fabriken vorbei.

Sie kommt dabei auch durch Ferlach,
den kleinen Kärntner Ort,
wo meine Großeltern leben,
und besichtigt dort einen alten Wasserturm.

Danach fährt sie wieder nach Hause.

Mitte der Neunzigerjahre,
ich bin etwa zwölf Jahre alt,
erhalte ich einen Brief von ihr.
Sie erklärt mir darin, dass ich ihr Mann sei,
bloß jünger, eben so
wie er vor dem Krieg gewesen ist,
kräftig, robust,
mit guten Augen.

Sie wolle mir nur versichern, schreibt sie,
dass ich die dunklen Kriegsjahre
gut überstehen werde,
und dass sie, nachdem
die Deutschen kapituliert haben,

auf mich warte,
als junge Frau,
in Dayton, Ohio.

## Die Leitfähigkeit von Mönchen

Im Jahr 1746 stellte der Abbé Jean-Antoine Nollet 700 Kartäusermönche auf einem Feld im Kreis auf und verdrahtete sie untereinander. Der Draht führte zu einer Leydener Flasche, einem einfachen Kondensator, der Strom erzeugte. Der Versuch sollte beweisen, dass alle Mönche zur gleichen Zeit vor Schmerz aufschreien würden. Der Versuch gelang, wie schon zuvor an 180 Soldaten der Nationalgarde. Nollet wurde daraufhin vom König geehrt und auf einen Lehrstuhl für Experimentalphysik in Paris berufen.

## Theorie der Dichtung

Eine unendliche Anzahl von Affen
mit Schreibmaschinen, so sagt man,
würde am Ende die gesammelten Werke
von Shakespeare hervorbringen.

Und gleich darauf das Werk von Dante,
Joyce als nächstes, Goethe, Kafka,
Dickens,
Dostojewski.

Dann, nach ein paar Monaten,
ein paar eigene Texte über Dinge wie
Pfoten, Bäume oder
die ewige Wiederholung.
Dann wieder ein wenig Dostojewski
und der ganze Shakespeare, noch einmal von vorne,
Zeile für Zeile.

Dazwischen Texte über Bäume,
über Pfoten, über Bananen,
und über die ewige Wiederholung.

## Die Sandalen

Der japanische Mönch Pontaro,
blind und leprakrank, las
seine Braille-Schriftrollen mit der Spitze
seiner Zunge: Geduldig leckend kitzelte er
die Wörter aus ihrem Versteck,
und hatte er einen ganzen Satz entziffert,
schluckte er und leckte sich die Lippen.

Es ist unmöglich, nicht an ihn zu denken,
heute, an diesem eiskalten Tag im November,
wo die Seiten des kleinen Buchs mit Parabeln
sich in meinen Händen so kalt anfühlen wie Fensterscheiben
zwischen Besuchern und Patienten in Zwangsjacken,
und wo meine Lippen ständig aufspringen
wie die Rinde eines verzweifelten Baumes.

Unmöglich, sie sich nicht vorzustellen:
die nassen, ausgelesenen Schriftrollen,
zum Trocknen aufgehängt im Sonnenlicht,
und die Luft, erfrischt vom Geruch
sich wellenden Papiers. Und der blinde Mönch selbst,
wartend auf die Wiederkehr des Textes,
auf die spannende Geschichte: Wie eines Tages

der Buddha im tiefsten Frühling
über die Brücke am Fluss ging
und dort am Geländer sein Ebenbild sah,
das die nackten Füße ins Wasser baumeln ließ.
Da wusste der Buddha, was zu tun war:
Er legte sich seine Sandalen auf den Kopf
und ging so zurück ins Dorf.

Irgendjemand dort
würde den Sinn der Geschichte verstehen,
würde sich die Lippen lecken
und ein wenig Speichel sammeln
für die richtige Frage auf diese Antwort.

## Verloren

Sandro Botticelli ließ die allerletzte Seite seiner für Lorenzo de' Medici zwischen 1480 und 1495 angefertigten Illustrationen zur *Göttlichen Komödie* leer. Diese Seite sollte das Bild zum dreiunddreißigsten Gesang des Paradieses liefern, in welchem Dante am Ende seiner Jenseitsfahrt vor Gott tritt. Leider ging das Blatt irgendwann verloren, und so kann kein Mensch mehr nachsehen, wie sie ausgesehen hat, diese leere Seite.

## Miss German Poetry

Ein hübsches Mädchen
in einem leeren Saal.

Ein leerer Saal
im Kopf eines hübschen Mädchens.

Die Vorstellung eines leeren Saals
im Kopf eines hübschen Mädchens
in einem leeren Saal.

Ängstliche Augen
und nervöse Finger,
die mit der Gewinnerschleife spielen.

Das Klatschen der Punkterichter
im Kopf des Mädchens
im leeren Saal.

Und das Lächeln des Mädchens
über die Vorstellung eines leeren Saals
voller Punkterichter,
voller Applaus.

## Der Fuchs unter den baumelnden Trauben

Die Ärmsten. Ganz allein da oben. Am Parnass.
Von Reife befallen, von Vollkommenheit,
Glasmurmelaugen eines Pferdes.

Gut möglich, dass die Höhe ihnen die Süße raubt,
möglich auch, dass sie,
vom vielen Glänzen prall und porös,
jeden Augenblick platzen werden.

Und niemand, der sie von ihrem Elend
erlöst. Nur ein Gedicht darüber,
wie sie geschmeckt haben,
prall und süß und saftig,
einst,
im Tod.

## Dynamo

Gestern träumte ich einen witzigen
Traum in den frühen Morgenstunden,

von einer endlosen Warteschlange
entlang des gesamten Äquators;

und langsam drehten sie die Erde
mit ihren bedächtigen Schritten

wie ein Hamster sein metallenes,
schwachen Strom erzeugendes Rad.

## Exegese

Er fragte den Berg:
Was wird übrigbleiben nach dem letzten
Gnadengesuch der Menschheit an die Zeit?

*Fels,* sagte der Berg,
*Granit und Kalkstein.*

Er fragte den Berg:
Ist die Gefahr, von heute auf morgen auszusterben,
niedrig oder hoch?

*Hoch,* sagte der Berg,
*2196 Meter.*

Er fragte den Berg:
Was wird von der Vegetation bleiben
in einer so trostlosen Zukunft?

*Mischwald,* sagte der Berg,
*und einzelne Wiesen, Moos und Gestrüpp.*

Er fragte den Berg:
Was aber könnten wir hinterlassen
als Zeugnis oder Entschuldigung unsrer Kultur?

*Skigebiete,* sagte der Berg, *bunte, schaukelnde Gondeln,*
*und, falls nötig, Gipfelkreuze mit allerlei Inschriften.*

Was glaubst du, fragte er den Berg,
liebt sie mich?
Wird sie meine Frau?

*Grau,* sagte der Berg, *Felsen und Wiesen,*
*Tourismus im Sommer und jede Menge Rotwild.*

## Kopfschüttelnde Silhouette

*für Marcus Poettler*

Oh, die Geschichte
benutzt meinen Rücken
als Schreibunterlage
beim Notieren
wichtiger Namen
und Adressen.

Oh, das Unglück,
dass davon nicht einmal
Narben zurückbleiben wollen,
nur so ein Gefühl
wie von tausend unsichtbaren
Turniereisläufern
auf der Haut.

## Tretmühle

Im Jahr 1866 gründete Henry Bergh die *American Society for the Prevention of Cruelty to Animals.* Eine seiner Leistungen war die Abschaffung der sogenannten *Turnspit Dogs.* Diese Hunde waren in einer Tretmühle gefangen, die den ganzen Tag in einem Lokal lief und einen Bratenspieß rotieren ließ. Als Bergh in offiziellem Auftrag verschiedene Restaurants inspizierte, fand er tatsächlich nirgends mehr Hunde in Tretmühlen. Sie alle waren ersetzt worden durch schwarze Kinder. Henry Bergh gründete daraufhin die *Massachusetts Society for the Prevention of Cruelty to Children.*

## Vers Libre

*»Oftmals hab ich auch schon in ihren Armen gedichtet,*
*Und des Hexameters Maß leise mit fingernder Hand*
*Ihr auf dem Rücken gezählt.«*
*(Römische Elegien, V)*

Goethe lernte beka-
nntlich die Handhabu-
ng des Hexameters beim Liebes-
spiel. Ich habe gest-
ern dasselbe versucht
mit dem zeitgenöss-
ischen
freien Vers

Na Sie können sich best-
immt
die Sauerei vorstellen die hinter-
her im Zimmer geherrscht
hat

Und das Kind das wir gezeugt haben
                                        in dieser Nacht ist bl-
              ind und taub und sieht aus wie
ein überfahrener Kürbis
mit Augen wie die Ziffer 9

## Die Klavierfliegen

Auch heute Morgen
liegen sie wieder
auf den Tasten
meines Klaviers,

kleine, schwarze
Fußnotensternchen,
gekrümmt auf dem Rücken.
Was geschieht

nur in diesem Zimmer
jede Nacht?

## Theorie des Fluchtpunkts

Ein Fluchtpunkt ist nicht wirklich da.
Er ist unendlich weit entfernt,
außerdem unendlich klein
und unsichtbar für den Betrachter,
den Teleskopfisch in der perspektivischen Landschaft.

Unsichtbar, unendlich weit entfernt,
das heißt, er kann alles enthalten,
ein weinendes Kindergesicht, ein Hochhaus,
eine Sprechblase voll verzweifelter Antworten
oder die staunende Mündung eines Gewehrs.

Jede Größe passt in ihn, er schluckt
Granatapfel oder Planet, jedes Objekt,
wie seine Schwester, die Vergangenheit.

Unendlich klein, das heißt, du wirst ihn
nie in der Hand halten, nie ihn wiegen,
ihn herzen oder ins Fenster stellen.
Unendlich weit entfernt, das heißt auch,
er nähert sich keinem deiner beklemmenden
Lockrufe in Richtung Sonnenuntergang.

Was aber nicht heißt, dass er dich nicht dauernd
anstarrt, mit offenem Mund, mit stummen
Märtyreraugen eines Wahnsinnigen, verwirrt,
verwundert über dein blindes Vertrauen
und über deine tapsigen Schritte, mit denen du
auf ihn zu rennst,
du kleines Tier.

## Zur Melodie von *Tom's Diner* (Suzanne Vega)

Und die Menschen
gehn in Kleidern
schwankend auf dem
Kies spazieren
und sie summen
Melodien
unter diesem
großen Himmel

Und sie tun das
ganz von selber
lang bevor sie merken
dass sie
ganz allein
im Universum
Melodi-en produziern.

## Auf ein spätes Gemälde von W. de Kooning (*Untitled XIII*, 1985)

Manchmal, wenn ein Mann älter wird,
wird er leicht wie ein Lichtfleck
auf einem geräuschlosen Sofa,
leicht wie der gelbe Schopf
eines weißen Aras,
leicht wie
der schrumpfende Atemfleck
auf einem angehauchten Spiegel, leicht
wie die Reste von Girlanden
eines großen Fests,
leicht wie die Reflexion
eines Fensterquadrats aus Sonnenlicht
auf der Glashaut einer Seifenblase.

Seine Pfleger heben ihn hoch
und ziehen ihn hinter sich her
wie einen kleinen Ballon,
trösten ihn, füttern ihn,
lassen ihn einen
Rundflug machen auf dem Balkon,
einen Pinselstrich auf dem verschneiten
Hintergrund des Gartens.

## Die pomeranzenförmige Gestalt der Erde

Unter dem Glas meiner neuen Brille
bäumen sich alle Flächen auf

Öffentliche Plätze liegen da
wie die Bäuche schlafender Riesen

Tischplatten Betten Wände
alles kommt mir entgegen

Ein Blick aus dem Fenster bringt Schwindel
wie einer durch Flugzeugluken

Und wenn ich mich nach etwas bücke
wölbt sich der Boden unter mir

So müssen sich vor tausend Jahren
die Menschen Europas gefühlt haben

als sie begriffen: Nicht genug
dass man vom Rand der Welt fallen kann

nein jetzt muss man auch noch
unendlich lange marschieren

um diesen Rand zu erreichen

## Atlantikflüge

Ich liebe den Jetlag, die Landung des einsamen Körpers
auf einem fremden Kontinent.
Und der erste Spaziergang im Freien, während die Seele
noch daheim in Europa umherirrt,
sich dehnend – so sagt man – quer über den Atlantik.

Ich liebe den Jetlag, die ersten paar Stunden
in der Gegenwart neuer Ampeln und Häuserfassaden,
und der Anblick einer stillstehenden Schaukel
ohne das Knirschen der Kindheit,
das Gesicht eines Hundes, nur das Gesicht eines Hundes.

Mit Jetlag kann ich alles ertragen. Einen Toten
in einer Tonne, ein Kind ohne Arme und Beine,
einen brennenden Menschen in einer Baumkrone.

Mit Jetlag scheint mir alles erlaubt,
auf meinem Weg quer durch die Stadt
zurück zum hellen Empfangsbereich des Hotels.

## Die Vogelstraußtrompete

In einem Traum sah ich
eine Herde Straußenvögel,
die durch niederes Gras davonrannten,
wie Cancantänzerinnen auf der Flucht.

Einer der Vögel blieb stehen.
Sein Kopf war ein Trompetentrichter.
Als ich näher kam, steckte er ihn
pfeilschnell in den Sand.

Ich hielt mein Ohr zur Erde,
aber statt des erwarteten Tons
hörte ich nur seine dröhnenden
ängstlichen Atemzüge im Dunkel.

## Die Gartenhaltung eines Dichters

Am besten man stellt für ihn am Abend
eine Wasserschale auf die Terrasse.
Bald löst sich sein gebogener Schatten
aus der dunklen Baumreihe am Ende des Gartens
und kommt aufs Haus zugewackelt.

Auch bei der Wahl der Bepflanzung
ist einiges zu beachten. Zypressen
sind sehr beliebt, sie helfen dem Dichter,
wenn er sich nachts rücklings ins Gras legt
und in den Himmel zu den Sternbildern blickt.

Sie helfen ihm sich vorzustellen,
wie es aussehen würde, wenn die Sternbilder
alle auf ihn zurückblickten,
hinunter auf seine kleine Gestalt im Gras,
hinunter auf das zypressenbewehrte Gehege:

das dunkle, sorgfältig eingezäunte
Grundstück mit den langgezogenen Bäumen,
die von oben aussehen wie kleine Gasflämmchen
auf einem Herd. Dunkelgrüne,
sturmgeschüttelte Flämmchen.

## Motte

Seit Tagen schon warte ich
dass sie zurückkehrt
aus der Flamme, geheilt
von ihrer gefährlichen Neigung.

## An einen Poltergeist in der Nordwand des Schlafzimmers

Deine hohlen Klopfzeichen bleiben
auch immer dieselben, es gibt keine
Entwicklung, keine Gedankenstriche,
du wiederholst dich, tagelang,
graue, schlaflose Nächte lang,
immer im gleichen Takt, als wärst du ein Herz,
das Funken schlagen möchte an den Steinen
des alten Hauses. Eine mausgroße Faust, die
leise an die Schneidezähne
der Zukunft klopft, nach Eingängen suchend
oder nach Gründen zu bleiben.

## Lied über Franz Reichelt

Er wurde 79 geboren
und landete 1912

Er war Schneider und Konstrukteur
Seine Fallschirme waren riesig und schwer

vor allem der letzte: die *Fledermaus*
ein großer quadratischer Notbehelf
ein auf dem Rücken tragbares Haus

Im Schaltjahr 1912

kündigte er an, von der ersten Plattform
des Eiffelturms springen zu wollen, hinaus
in die Luft zu segeln und zu Boden
sanft zu schweben

Er fiel auf den Asphalt wie ein Stein
nach vier Sekunden im freien Fall

Man eilte hinzu auf wackligen Kamerabildern
schwarzweiß an jenem eiskalten Februartag in Paris
und irgendwer rief Sanitäter

Und man maß mit einem Stecken die Tiefe
des Kraters: vierzehn Zentimeter

## Hommage an Harold Brodkey

Ich gehe gern in der Objektiven Realität spazieren. Mutters Schulterbewegungen, während sie die Wäsche im Garten aufhängte, waren ernst und nihilistisch. Ich liebe dieses All-das-gibt-es-wirklich-Gefühl beim Eislaufen, die Simultaneität-des-aneinander-vorbei-Lebens zweier kaputter Straßenlaternen. Und mir fiel ein Mädchen auf neben einem Schöller-Eis-Plakat, mit einem durch und durch demokratischen Blick. Am Ende holte ich meine Tendenz zu deduktivem Denken an einer Straßenecke wieder ein. Die omnipräsente Gegenwart der Zeit ist heute spürbar, aber gegen Abend wird es Regen geben, und in den Cafés wird man Schirme aufstellen. Sei objektiv und realistisch, sagte der Tod im Traum.

## Zwei Männer, die eine Glasscheibe über die Straße tragen

So oft sie auch zerstört wird,
von Motorrädern und Autos
und verliebten Skateboardfahrern,

zeigt sie uns doch immer die Straße so
wie sie damals dalag,
im Sommer vor vielen Jahren:

Die Einfahrt, der Nussbaum im Garten.
Die Engelsköpfe an der Fassade.
Und die Stelle am Gehsteig, an der das Knie
zum ersten Mal den Tod erlebte.

Alles genauso wie vor dem Umbau.

Alles verkleinert, aufgehoben
wie in den Primärfarben eines Polaroids
vom Anfang der 80er Jahre.

## Lied über die orangeroten Haltegriffe

Ein leerer Becher steht auf dem Geländer
der Tegetthoffbrücke in Graz
Schon lang ist es nicht mehr so kalt gewesen
Die Zunge fährt über ein Loch im Zahn
und man hält sich fest an orangeroten Wesen
in der Straßenbahn

Ein Oktobernachmittag, siebzehn Uhr
Die Luft erfüllt von flirrenden Strichen
so wie die, die in Comics Geschwindigkeit zeigen
an einer laufenden Figur
Im Herbst ist der Himmel voll von ihnen
unsichtbar regnen sie allen entgegen
am Radweg entlang der Mur

Vorm Hochhaus steht ein gebrochener Kran
wie eine Skulptur aus Blutgefäßen
und man hält sich fest an orangeroten Wesen
in der Straßenbahn

Aus einem Garten kommt Orgelmusik
Herbstfarben leben in einer Boutique
Ein Junge trägt einen kleinen Hamster
durch einen Geheimgang zur Zentrifuge
in einer Fahrradfabrik

Bald wird es wieder hell

Und wunderbar sind jetzt die Stil-Figurinen
im Woll- und Nähgeschäft unten beim Schneider
Sie sehen aus wie Auberginen
mit Gesichtsausdruck und Mienen
und jeden Tag tragen sie andere Kleider

auf ihrer Haut aus Zellophan
und ihren Gliederprothesen
Sie scheinen sich ungern von uns zu lösen
wie die griffbereiten orangeroten Wesen
in der Straßenbahn

Jetzt spannt man Schals um Brückenpfeiler
und Regenschirme in die Alleen
Jetzt scheint schon das Licht durch alle Blätter
wie durch die Haut einer Fledermaus
ahorngefächert mit ihren Fingern
Was Schöneres hab ich noch nie gesehn

als diese kahle flugfähige Maus
mit der Hufeisenschnauze mitten im Herbst
Sie sieht wie ein lederner Engel aus
mit pfirsichfeinem Fell

Bald ist es wieder warm und hell

hell wie die Seiten von einem Roman
unterm fließenden Wasserhahn

Und mitten im Sturm beginnst du zu lesen

von den kleinen orangeroten Wesen
in der Straßenbahn

## Das Fingerglied

*(nach der englischen Übersetzung eines Gedichts des an Lepra erkrankten koreanischen Dichters Han Ha-Un, vor vielen Jahren gefunden auf einer inzwischen verschwundenen Website)*

Ich habe mich am Kopf gekratzt
und ein erfrorenes Fingerglied
fiel ab und lag wie ein Tannenzapfen
auf der kalten Straße
und wurde weitergerollt vom Wind.

Sofort hob ich es auf,
das Knochenstück mit Fleisch dran,
und wickelte es in einen Fetzen Stoff
von meinem Kragen. So trage ich es
warm mit mir herum in meiner Tasche.

Und im nächsten Altweibersommer,
auf einer sonnigen, saftigen Wiese,
grabe ich ihn ein, den Finger,
tief in die Erde, damit nichts mehr
daraus erwächst, kein Pflänzchen,

kein Baum, der seine Zweige ausstreckt
wie Finger, flehend, nach der alten Zeit.

## Gegensprechanlagen

Ich liebe Gegensprechanlagen
die Piepsestimmen großer Häuser
An manchen Sommertagen
fühlt es sich an, als kämen alle Stimmen
der Menschen aus dem Haus zu mir
durch diese wie feine Kiemen gerippten
kleinen Öffnungen neben der Tür
mal lauter und mal leiser
Jedes Haus hat was zu sagen

Ich liebe Gegensprechanlagen

Und ich liebe es, mit Häusern zu reden
Besonders an diesen seltenen, spröden
vom frühen Verkehr ganz warmen Morgen
mit Sonne auf Straßenniveau

Als atmete man durch ein Nadelöhr,
die eigene Stimme ein Bündel von Fäden,
durch ein kleines, in Schreibschrift geschriebenes o
in einem Schularbeitenheft

Und vor dir ragt das Gebäude auf
wie im Traum die im Winter geschlossenen Läden
von einem Damenmodegeschäft
namens PONT NEUF MIRABEAU

in dem, entkleidet, umgeben von Lichtern,
die nackten Schaufensterpuppen sich drehen
allein mit ihren schönen Gesichtern
und ihren glänzenden Zehen

## Raumschiff im späten September

Das kleine Raumschiff hinterm Supermarkt
auf seinem Schaukelarm.
Man müsste, so wie vor vielen Jahren,
die kleine Box mit Schillingmünzen füllen,
um einmal auf und ab zu fahren
auf dem Parkplatz vor der elektrischen Tür.

In einer Schublade in der alten Wohnung
liegen noch welche, nur für den Fall,
goldene, kleine 1-Schilling-Münzen,
blank wie nur einmal zur Hochzeit getragene
Manschettenknöpfe aus Edelmetall:
kleine Prinzen, runde Matrosen
oder Nil-Elefanten.

Das letzte Mal
saß ich in dem Raumschiff an einem Tag
im späten September, die Allee rauf überall
Kastanien auf dem Gehsteig, und Geruch nach verbrannten
Apfelstängeln. Heute

ist der einzige Herbst in dieser Straße
der helle, erdenschwere, schlanke,
eingezäunte Baum
zwischen den Kleidersammelstellen
und der Parkplatzschranke.

Den Zaun trägt er wie eine Armbanduhr
gegen die Außentemperatur
und gegen zukünftige Erdbebenwellen
und die kreisenden Lichter der Müllabfuhr.

## Ein Sonett

Ein Sonett, das ist ein vierzehnstöckiges
Bürogebäude aus Glas und Beton.
Und hie und da segelt durch ein eckiges
Fenster ein Flugzeug davon.
Es gibt einen Lift, der im Hals stecken bleibt,
es gibt Wolken, die durch die Fassade ziehen, ein Dach,
ein weiteres Fenster, in dem jemand sitzt und schreibt,
längst tot, aber immer noch wach.

Und Hampelmänner: Fensterputzer wischen mehrere Tage
lang zärtlich Gesichter hinter dem Glas: weinende
und lachende, die sie glauben zu kennen.
Ein Sonett hat Balkone und abgeknickte Antennen.
Und: eine die schweigende Straße verneinende
Gegensprechanlage.

## Eselsbrücken

Der Sommer: Schwarze Kirschen
wie Knopfaugen zwischen den Blättern.

Die Kindheit: ein schmaler, feuchter
Silberkokon über dem Abgrund.

Die Stille: Ein Mönch verirrt sich
auf dem bunten Muster des Teppichs.

Die Vorfreude: Die Sonne springt
zwischen Gitterstäben auf die Allee.

Die Braut: Das Mädchen mit den Fingerhüten
an den zitternden Händen.

Die Nachkommen: Ein weißer Brautstrauß,
gespannt auf ein weißes Katapult.

Die Stille: Der Anblick der Salz- und Pfefferstreuer
nach einer langen Schachpartie.

Die Zeit: Eine Ameise
ohne Fühler und Zifferblatt.

Die Liebe: Ein Briefumschlag
im Sonnenlicht auf der Antike.

Der Lebenshunger: Tannennadeln
als künstlicher Bart eines Schneemanns.

Der Nachruf: Ein winziger Fallschirm, der
verwirrt zurückkehrt zum Löwenzahn
mit einem kleinen, zappelnden Piloten.

## Selbstbeherrschung

Dr. Bruce Banner hatte sich sein ganzes Leben lang nie in den Unglaublichen Hulk verwandelt, und noch am Totenbett war er damit beschäftigt, nicht die Beherrschung zu verlieren. Der unerfahrene Arzt fand, als er ihm eine Spritze mit Schmerzmittel geben wollte, die Vene nicht, und Dr. Banner schrie auf. Doch gleich darauf lächelte er wieder und bat um etwas Wasser. Der Arzt schüttete es ihm versehentlich auf die Brust. Als Dr. Banner gegen Mittag seine Augen schloss, erfüllte ihn, wie schon seit seiner Jugend, die angenehme Vorstellung, sein Körper möge zumindest im Tode, aus Protest, explodieren in das grüne Wutmonster, das in ihm zeitlebens geschlummert hatte. Er stellte sich den Ärger und die Verwunderung der Sargträger vor – und lächelte und entspannte sich.

## Schlussstück

Ja damals war ich der jüngste
und wär auch geblieben der jüngste
wär niemand gekommen nach mir

**Inhalt**